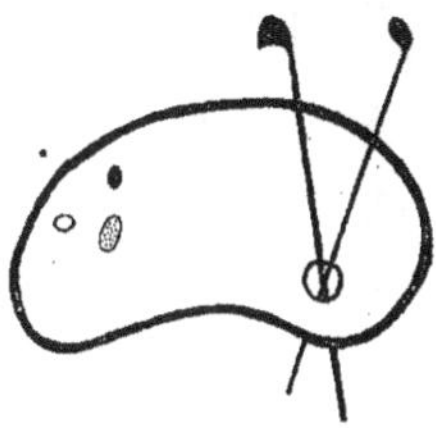

DÉBUT D'UNE SÉRIE DE DOCUMENTS
EN COULEUR

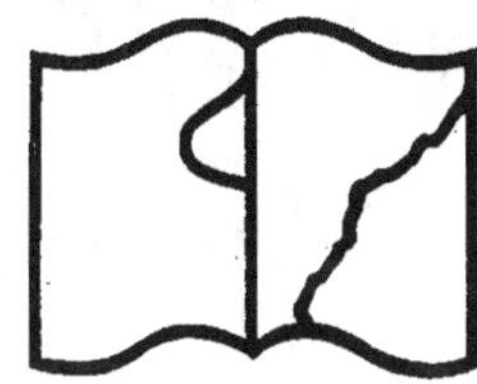

Texte détérioré — reliure défectueuse
NF Z 43-120-11

Couverture inférieure manquante

VALABLE POUR TOUT OU PARTIE DU
DOCUMENT REPRODUIT

Bibliothèque Antimaçonnique

Prix : **50** cent.
Par la poste : **60** cent.

EVA

ou

LA FRANC-MAÇONNERIE

et la Française

PAR

K. DE BORGIA

PARIS
LIBRAIRIE ANTIMAÇONNIQUE
A. PIERRET
37, Rue Etienne-Marcel, 37

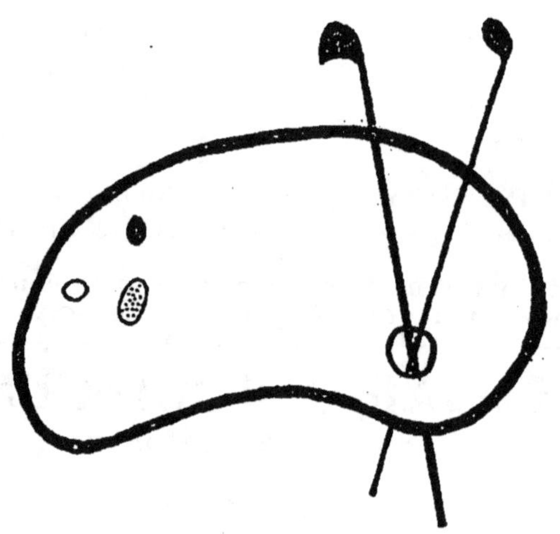

FIN D'UNE SERIE DE DOCUMENTS
EN COULEUR

EVA

ou

LA FRANC-MAÇONNERIE ET LA FRANÇAISE

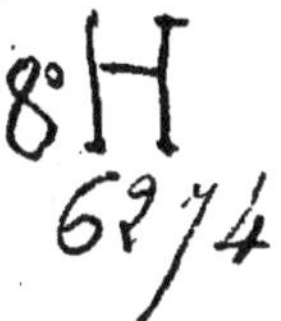

BIBLIOTHÈQUE ANTIMAÇONNIQUE

SÉRIE DE BROCHURES DE VULGARISATION A **0** FR. **50** (IN-12)

(Franco, *par la poste :* **0** *fr.* **60**)

Deux brochures de cette collection paraissent par mois EN MOYENNE; elles sont annoncées à l'avance, au fur et à mesure, sur la couverture de l'**Anti-Maçon**, *organe officiel de la Ligue du Labarum*, édité par la LIBRAIRIE ANTIMAÇONNIQUE, A. Pierret, 37, rue Étienne-Marcel, Paris.

Voici la nomenclature des sujets déjà arrêtés et qui seront traités successivement, sans que lesdites brochures paraissent toutefois rigoureusement dans l'ordre de cette énumération; de même, la mise en vente n'aura pas lieu à date fixe, mais aussitôt qu'une des brochures sera prête et annoncée par l'*Anti-Maçon:*

Jeanne d'Arc et la Franc-Maçonnerie (*en vente*). — **Le Labarum Anti-Maçonnique;** Statuts de l'Ordre : déclaration de principes, grandes constitutions, etc. (*en vente*). — **Éva ! la Franc-Maçonnerie et la Française** (*en vente*). — **Garcia Moreno** (*en vente vers la fin de mars*). — **La Main du Diable dans les Maçonneries d'Asie**, d'après des notes inédites communiquées par Miss D. Vaughan (*en vente du 5 au 10 avril*). — **Les Enfouisseurs.** — **Albert Pike** (biographie). — **Inter pocula !** (souvenirs d'agapes maçonniques). — **La Franc-Maçonnerie dans l'Armée.** — **Les Convents Maçonniques.** — **Isaac-Adolphe Crémieux** (biographie). — **La Loque Noire ou les Complots des Kadosch.** — **Giuseppe Mazzini** (biographie). — **Y a-t-il des Prêtres dans la Franc-Maçonnerie?** (cette brochure par Miss Diana Vaughan). — **L'Antipape Lemmi** (biographie). — **Le Diable chez les Francs-Maçons.** — **Charles Floquet** (biographie). — **La Franc-Maçonnerie dans la Presse.** — **Giuseppe Garibaldi** (biographie). — **La Probité Maçonnique.** — **Les Francs-Maçons Anarchistes.** — **La Morale des Francs-Maçons** (en latin). — **Jean Macé et la Ligue de l'Enseignement,** etc., etc.

BIBLIOTHÈQUE ANTIMAÇONNIQUE

Nº 3

EVA

OU

LA FRANC-MAÇONNERIE

ET LA FRANÇAISE

PAR

K. DE BORGIA

PARIS

LIBRAIRIE ANTIMAÇONNIQUE

A. PIERRET, ÉDITEUR

37, RUE ÉTIENNE-MARCEL, 37

EVA

ou

LA FRANC-MAÇONNERIE ET LA FRANÇAISE (*)

I

Chateaubriand a dit : « Le chapelet du curé est plus sûr, et je m'y tiens. » Le grand homme, parti du scepticisme désolant, fruit amer du mancenilier encyclopédique, était arrivé à cette humble et touchante conclusion de sa glorieuse vie. Il se rendait, comme il le dit encore, à la prière du soir, avec ces femmes et ces enfants qu'appelle à l'église le son d'une cloche. Et il terminait par cette phrase d'une mélancolie chrétienne et mystique : « J'aime à prier à genoux ; mon cœur est ainsi plus près de la poussière. » Puis, il évoquait la mémoire de sa mère et de sa sœur Julie, qui fut une sainte, et les heures lointaines du sauvage Combourg.

Comme lui, j'évoque le souvenir de ma mère.

(*) Conférence faite le samedi 22 février 1896, à l'assemblée plénière, tenue par la *Compagnie Saint-Georges* (Ligue du Labarum Antimaçonnique), dans la grande salle de la Société de Géographie, 184, boulevard Saint-Germain, à Paris.

Evoquez avec moi, celui de la vôtre. Vous qui des-
cendez d'un pas encore ferme le versant du siècle qui
s'achève, rappelez-vous avec moi celle qui souriait à
votre berceau, en y suspendant d'une main catholique et tendre la médaille de l'Immaculée! Elles
avaient été nourries, ces mères incomparables, fortes
et douces, pures et charmantes, de la sève divine de
l'Eucharistie ; et si quelques-unes ont pleuré sur
nous, elles se disaient, comme Monique, que les fils
de leurs larmes ne pouvaient point périr. Après nous
avoir montré à lire dans les saintes légendes, elles
nous montraient encore à lire dans leur cœur maternel et dans leurs beaux yeux résignés, où nous
voyions passer les anges.

C'étaient des mères telles que l'Église et l'Évangile
les forment et les donnent. C'étaient les mères d'au-
trefois. Il en est encore aujourd'hui de pareilles ;
mais on peut, hélas ! les compter.

> *Fortem, virili pectore,*
> *Laudemus omnes feminam,*
> *Quæ sanctitatis gloriâ*
> *Ubique fulget inclyta !*

chante la liturgie consacrée.

II

Hélas ! il en est d'autres, — et il faut en parler, —
qui ont respiré une autre atmosphère. Il en est
d'autres qui ne savent pas prier. Il en est d'autres
qui ne savent pas croire et qui ne peuvent plus ai-

mer. Évaporées et frivoles, mondaines et déséquili-
brées, quand elles ne sont pas pis encore, elles ont
bu à une autre source qu'à celle de la vérité et re-
cherché une autre gloire que celle qui auréole le
front des Blanche de Castille et des Chantal. Et celles-
là sont devenues amères comme la mort, et la béné-
diction d'Abel s'est changée, pour leurs tristes enfants, en la malédiction de Caïn. Mais d'où venaient
les premières ? De Jérusalem, de Sion, de notre
sainte mère l'Église. Et d'où viennent les secondes ?
De Babylone. *Filia Babylonis misera.* Filles infortunées de Babylone ! Je veux ouvrir les repaires où
l'on vous a corrompues. Je veux livrer aux médita-
tions des Chrétiennes et des Françaises, le secret de
votre chute et le mystère de votre déchéance. La
femme catholique est le bon grain que l'Éternel se-
meur a jeté au milieu de l'ivraie contemporaine, le
bon ferment que le Père de Famille a mêlé à la masse
corrompue. La femme catholique, se détournant
d'Éva, s'est tournée vers celle qui change le nom
d'Éva. *Mutans Evæ nomen !* Qu'elle descende dans
cette spirale d'horreur, en portant dans ses mains la
torche de l'amour de Jésus-Christ, pour remonter à
la lumière, plus forte et plus résolue que jamais, afin
d'arracher ces âmes tourmentées aux ténèbres qui
les enveloppent, afin de les ramener à la merveilleuse clarté de la foi, de l'espérance et de la charité,
afin de mettre aux quatre coins du monde d'Adam et
d'Ève le feu vainqueur de l'amour de Jésus et de
Marie : « Je suis venu incendier la terre et mon désir est qu'elle s'embrase. *Ignem veni mittere in
terram et quid volo, nisi ut accendatur !* »

III

La main-mise sur la femme et par la femme sur
l'enfant, quoi de plus odieux ! Dans cette nation
chevaleresque qui vit encore des traditions du moyen
âge, quoi de plus lâche ! Profonde scélératesse de
l'enfer, tu t'es révélée de nos jours. Tu t'es révélée
sans pudeur, abominable manœuvre des Loges ! Et
si quelque chose me surprend et m'étonne, c'est
l'indifférence de ce grand peuple français, je parle
du vrai peuple, devant cet attentat longuement mé-
dité et effrontément accompli. Tant que vous atta-
quiez l'homme, vous vous heurtiez à la force. Mais
vous effleurez d'une main audacieuse et impure la
plus touchante des faiblesses, celle de l'enfant : la
plus gracieuse des impuissances et la plus vénérable,
celle de la femme. La tentation d'Ève recommence.
Le serpent lui montre le fruit beau et délectable à la
vue. Mais ce fruit de curiosité et de désobéissance
donne la mort éternelle. Ève se laisse séduire, et elle
séduit l'homme. Et l'homme et la femme, chassés par
le glaive de l'archange où la flamme tournoie, du jardin des célestes délices, vont défricher et enfanter,
lui dans la sueur, elle dans la torture.

> Tout mortel est semblable à l'exilé d'Éden,
> Lorsque Dieu l'eut banni du céleste jardin.
> Mesurant du regard les fatales limites,
> Il s'assit en pleurant aux portes interdites.
> Il entendit de loin, dans l'immortel séjour,
> L'harmonieux soupir de l'éternel amour !

Voilà l'œuvre du Dragon. Voilà le sort de la femme séduite. Voilà la destinée du premier couple humain. Vienne après Ève, Marie ; après la révoltée, l'humble et la soumise ; après la souillée, l'Immaculée ; et qu'elle fasse refleurir le désert et qu'elle écrase de son pied original la tête venimeuse du serpent :

> Je ne sais quoi de tous côtés
> Nous criait : Nous l'avons connue :
> Elle reviendra, sa venue
> Fleurira nos aridités,

a chanté le grand Louis Veuillot.

IV

Ce rôle du tentateur, c'est la fille du Dragon qui le remplit aujourd'hui. C'est la secte qui pénètre dans le jardin fermé de la doctrine catholique. C'est la secte malfaisante et meurtrière qui dit à la femme, Ève contemporaine, Ève abusée, Ève curieuse et lassée, Ève rêveuse et flottante à tous les souffles : « Vois ! ce fruit de science et de liberté, comme il est beau et délectable à la vue ! » Malheureuse ! n'y touche pas. C'est un fruit qui donne la mort, un fruit qui empoisonne et qui tue. Hélas ! elle y touche d'une main avide et tremblante. Elle l'approche de ses lèvres. Elle le mange. Elle le dévore. Et le suc fatal et assassin circule avec son sang qu'il enflamme, dans ses veines qu'il incendie, et les sources de la grâce sont taries dans cette âme fragile et dévastée.

C'est au XVIe siècle qu'a commencé cette formidable attaque. La Renaissance catholique l'enraya. François de Sales, l'abeille de Savoie, distilla son miel sur la lèvre de Jeanne Frémiot de Chantal. Puis, vint le Jansénisme. Il prit la femme dans les lacs subtils de la superbe. Une Jacqueline Pascal, une Angélique Arnauld, une Angélique de Saint-Jean Arnauld, tinrent tête aux évèques. à l'Église et au Pape. Elles croyaient défendre la grâce de Jésus-Christ et ne défendaient que leur orgueil, avec cet entêtement spécial à la femme qui s'obstine dans son erreur. Et comme il arrive toujours, l'orgueil de l'esprit ouvrit la porte toute grande aux défaillances de la volonté, aux déchéances de la chair. Et le xviiie siècle réalisa cette chose si triste et si monstrueuse, la femme impure et pédante, effeuillant des roses malsaines sur le gouffre de la Libre-Pensée et s'endormant sous l'arbre de la volupté. C'est alors dans cette léthargie des sens, dans cette dépravation du cœur, dans cette orgie de l'intellect que la Franc-Maçonnerie d'adoption trouva la femme française, la grande Dame, la femme cultivée et qu'elle la prit, qu'elle la vola, pour la conduire par un sentier perfide jusqu'au tribunal révolutionnaire, jusqu'au tombereau infamant, jusqu'à la guillotine où l'on vit monter côte à côte avec les martyres comme Marie-Antoinette et Madame Élisabeth de France, les bacchantes comme la Dubarry, les doctrinaires comme Mme Roland.

V

Le dix-huitième siècle, hélas! c'est le règne impudique de la Pompadour! C'est la parlotte efféminée et

.morbide de la Du Deffand ! C'est Sémiramis, lascive et cruelle au nord, avec Catherine II. C'est le gongorisme pédant des salons. Ce n'est plus sœur Louise de la Miséricorde qui gémit dans le cloître, comme une colombe blessée et plaintive. Ce n'est plus l'essaim touchant et pur de Saint-Cyr où toutes chantaient sur les harpes de Sion, les chœurs mélodieux de Racine. C'est cette pauvre Lamballe, proie imprudente des Loges, qui ouvre la marche, fleurie d'abord, sanglante ensuite, la théorie éplorée des victimes réservées au coutelas de Robespierre ou aux massacres de Danton, ces deux abominables Molochs que la sottise contemporaine encense et que la perfidie maçonnique déifie.

Le voilà, le fruit délectable à la vue, que l'Adoption maçonnique proposait à la pauvre Éva ! Ce fruit, c'est la mort sous le couperet de Samson. Et les têtes des grandes dames et des hautes bourgeoises roulaient sur la plate-forme, pendant que les tricoteuses, furies de la Terreur, harpies de la Révolution, entonnaient l'odieuse Carmagnole. C'était le sang. Puis, revint l'orgie. La louve suit partout la panthère. Derrière Tisiphone, Vénus accourt. Le Directoire étant corrompu, corrompait. C'était l'époque où l'on prostituait les suffrages, l'époque où l'on vendait les consciences, l'époque où les hâbleurs des Conseils étant médiocres et envieux étaient mauvais et jouisseurs ; l'époque où les grandes entreprises se doublaient de parlementaires achetés ; l'époque enfin où la dénonciation succédait à la terreur, où la guillotine était sèche, où l'on épurait le personnel qu'auparavant l'on guillotinait. Barras remplaçait Maximilien. Mme Tallien remplaçait Mme Roland, et Mlle Lange succédait à Théroigne de Méricourt. Le Directoire installait, dans le Luxembourg de Marie de Médicis, ses courtisanes éhontées. Épouvantable justice de Dieu! les victimes échappées au couteau chantaient et dansainet comme les concubines de Sardanapale dans Ninive. Et personne n'entendait venir dans le bruit de l'orgie, et dans le choc des écus et dans le heurt cristallin des coupes pleines, le pas du vengeur, le pas du conquérant, le pas du maître, le pas tout puissant du général Bonaparte. Dieu aveugle ceux qu'il veut punir. Dieu lie les pieds de ceux qui doivent tomber. Dieu lie les mains de ceux qui doivent être chargés de chaines. Et quand le vaisseau, bercé par l'Océan trompeur, doit sombrer dans l'abime, Dieu paralyse sur le gouvernail le bras du pilote épouvanté.

VI

Des larmes et du sang! vous en connaissez la puissance. Au tombeau de Lazare, Jésus pleure. *Et lacrymatus est Jesus!* Ces pleurs divins lavent Madeleine de sa souillure. Et Madeleine pleure à son tour. Bienheureuses et saintes larmes! Depuis lors, le flot amer et doux des larmes a emporté, dans son courant impétratoire, les péchés de la terre.

Je parlerai des larmes des femmes françaises. Que n'ont-elles pas racheté? Aux larmes de sainte Clotilde, ce pays très chrétien doit son baptême, sa gloire, son salut. Aux larmes de Blanche de Castille, cette France catholique doit saint Louis. Aux larmes de Jeanne d'Arc, la Nation doit sa délivrance. Et tant de chrétiennes pleurent aujourd'hui au pied du Tabernacle, que la secte leur devra sa ruine et la Patrie sa régénération. Je suis entré au foyer désert que l'époux a délaissé pour s'enrôler dans les loges, et j'ai vu pleurer l'épouse. Je me suis assis dans la solitude sacrée des cloîtres, et j'ai vu pleurer les vierges. Et chacune de ces larmes coulait pour un pécheur. Chacune de ces larmes, comme une perle rare, était recueillie dans la coupe des anges et portée au trône de l'Agneau. Malheureuses femmes séduites par Lucifer, Èves infortunées, les pleurs des saintes supplient pour vous. On ne pleure point pour Lucifer, et Lucifer le sait ; mais, dans les roses du Carmel, la bienfaisante ondée des larmes se dépose, afin que ses victimes soient sauvées. *Et lacrymatus est Jesus.*

Tombez des yeux sacrés des vierges,
Larmes de foi ! larmes d'amour !
Tombez à la clarté des cierges,
Comme des diamants au jour.
Tombez, rubis, tombez, topaze,
De ces yeux que charge l'extase,
Que le poids de l'amour écrase,
Dans le calice du Seigneur !
Ruisselez, joyaux du miracle,
Dans les urnes du Tabernacle ;
Car toute larme est un oracle
Qui veut le salut du pécheur.

Tombez, tombez, ô pleurs mystiques,
Des yeux des filles de François !
Ruisselez, larmes séraphiques ;
Inondez les pieds de la Croix.

Tombez de l'ardente fournaise
Du cœur des filles de Thérèse,
Comme au bord des flots le mélèze
Distille au vent ses larmes d'or !
Tombez des paupières mi-pleines
De ces blanches Dominicaines
Qui font, durant les nuits sereines,
Chanter leur cœur comme un kinnor.

Tombez sur la terre maudite
Qu'Ève a foulée d'un pied fatal ;
Pleurs sacrés de la Sunamite,
Sauvez les filles de Baal !
A l'heure où la lampe ignorée
Laisse brûler son huile ambrée
Devant l'hypostase adorée,
Qui veille pour nous sur l'autel,
Allez assiéger de votre onde
Ce Cœur qui, percé pour le monde,
Ouvre sa blessure profonde
Aux agneaux perdus d'Israël.

Et vous, anges des solitudes,
Bercés sur vos ailes de feu,
Emportez vers les altitudes
Les pleurs des épouses de Dieu !
Que les saints qui chantent sa gloire
Voient, avec des cris de victoire,
Ruisseler l'onde expiatoire
Dans les piscines du pardon ;
Et qu'ils vous rapportent, ô femmes !
Pour tant de larmes, tant de flammes
Que vous puissiez sauver tant d'âmes,
Qu'il n'en reste plus au démon.

L'Église aussi pleure et sanglote,
Quand elle gémit sous l'affront
Et voit la main d'Iscariote
Souffleter un auguste front !
Mais sait-on bien tout ce que pèse
La torture de Léon Treize ?
Tu le sais, grande âme française,
Dont la secte enchaîne l'élan !...
Ne pleure pas, Nation forte !
Un jour, avec toi pour escorte,
Dieu lui-même ouvrira la porte
Au prisonnier du Vatican.

La France aussi, la France est femme.
Elle en a le charme et l'attrait.
Dieu fait resplendir une flamme,
Partout où la France apparaît.
Vous pouvez retarder sa marche !
Mais, comme au temps du patriarche,
Sur les flots surnagera l'arche ;
Le ciel fera briller son arc ;
Et vous verrez, race sectaire !
Portant le rameau tutélaire,
Apparaître dans la lumière
Cette colombe, Jeanne d'Arc !

Et quand la Lorraine sublime,
Sur les autels du peuple saint,
Aux chants de ce peuple unanime,
Le front d'une auréole ceint,
Montera, Clotilde nouvelle,
Vous entendrez battre de l'aile
La gloire à la France fidèle,
De Clovis à Napoléon ;

Et la nation divisée,
Retrouvant l'unité brisée,
Rendra le Pape au Colysée
Et Geneviève au Panthéon.

Et sur les loges abattues,
La république de la foi,
A Jeanne élevant des statues,
Fera rentrer Dieu dans la loi ;
Et la France, du glaive armée,
Poussera sa première armée.
Où la frontière est entamée,
Là, retentira son tambour !
Ce jour, que Dieu nous cache encore,
Verra, — saluons-en l'aurore, —
Flotter le drapeau tricolore
Sur les murailles de Strasbourg !

Mais, pour cela, pleurez sans cesse,
Pleurez dans les cloitres pieux !
Car, pour accomplir sa promesse,
Dieu veut les perles de vos yeux.
Plus la tempête fera rage,
Plus effrayant sera l'orage,
Hélas ! et plus près du naufrage
Pourra vous paraitre l'esquif ;
Plus les larmes et la prière
Sauront conjurer le tonnerre,
Et sauver la barque de Pierre
Des fureurs du flot convulsif.

VII

Avec les larmes, j'avais nommé le sang ; car sans
effusion de sang, dit l'Écriture, il n'y a pas de rémis-

sion des péchés. Le Maître ayant versé son sang, les disciples du Maître devaient, à son exemple, verser le leur. Et l'histoire des Persécutions n'est pas autre chose que l'épopée du sang chantée par les bouches des blessures et des plaies des saints martyrs.

Au milieu de ces chants s'élèvent, avec une douceur plus particulière et une harmonie plus pénétrante, ceux des femmes et des vierges immolées pour l'Époux divin, celui qui vient de Bozra vêtu d'une robe de pourpre et qui se plait parmi les lys. Avec quelle joie les anges du sacrifice ont mêlé leurs cantiques à cette mélodie ! Quand coulait le sang d'Agnès, les anges chantaient : *Hosanna !* Quand ruisselait la pourpre de Cécile, les anges chantaient : *Hosanna !* Quand la rosée vermeille du cœur de Perpétue inondait le sol de l'arène, les anges chantaient : *Hosanna !* Et l'Église, du fond des catacombes, l'Église militante chantait aussi : *Hosanna !*

On se rappelle l'admirable page du Père Faber, sur la Procession du Précieux Sang ! Le sang de Jésus-Christ s'amoncelle comme l'Océan, enveloppant dans ses vagues vermeilles, les flots monstrueux du péché. Il les repousse, ces flots; il les déborde et les engloutit; et la terre, tout à l'heure inondée par la raffale démoniaque, apparaît lavée et resplendissante sous l'inondation pacifique. Qu'il est beau dans sa tunique blanche, le Sauveur ! et comme il parle fortement et doucement à son peuple racheté : « C'est moi ! Je parle à mes justes. J'ai revêtu la robe aspergée du sang de la Croix, et j'ai dit : Je suis le Verbe de Dieu, l'*Alpha* et l'*Oméga*, le premier et le dernier. » Et l'Église répond à Jésus-Christ : « Pourquoi donc ton vêtement est-il rouge ? pourquoi tes chaussures sont-elles écarlates, comme si elles avaient foulé au pressoir ? »

L'histoire du catholicisme s'ouvre par le sang, continue par le sang, s'achèvera par le sang. L'Ève nouvelle, Marie, Ève de grâce, saigne sous le glaive des Sept-Douleurs, et Madeleine saigne auprès d'elle sous l'arbre empourpré du Calvaire. Et le Rosaire des Dix Persécutions dégoutte du sang des Immolés. Et quand l'Église triomphe, elle saigne encore. Elle saigne sous le couteau des hérésies et des schismes, sous le cimeterre sarrasin. Venez et voyez! Regardez la France très chrétienne. Elle saigne sur les champs de bataille, pour la Papauté exilée ou captive. Et c'est dans son sang chevaleresque que le pouvoir temporel des Papes est cimenté. C'est encore la procession du sang à travers les annales de la Patrie. Le sang des Français a été répandu comme l'eau, depuis les jours du moyen âge jusqu'aux confins de ce siècle. Et le dernier versé n'a pas été le moins pur ; car c'est celui de saint Louis, c'est le sang virginal de Mme Élisabeth de France sur l'échafaud du Roi-Martyr !

VIII

Nous avons gravi, parmi les splendeurs, les altitudes du sacrifice ! Nous avons côtoyé le fleuve des larmes et du sang des Élus. Il faut maintenant visiter l'abime. Piccolo-Tigre avait dit : « Puisque nous ne pouvons supprimer la femme, corrompons-la. » Et pour corrompre la femme, on créa des séminaires et des collèges de corruption. Ces collèges, ces séminaires, ce sont les loges de femmes, les ateliers d'adoption. On ne peut plus nier leur existence. Les livres documentés de Georges Bois, de Léo Taxil, de M. de La Rive, ont fourni la preuve de ce fait. Tout récemment, en 1893, au mois de mars, le *Droit Humain* a été fondé et sa constitution a été publiée.

Le Convent de 1890 a été clôturé par un discours du délégué *des Amis de la Patrie*, à l'Orient de Paris.

Et ce discours, répondant à un vœu non discuté en séance, posait ainsi la question : « L'accession de la femme dans la Maç∴ peut se produire sous trois aspects différents : *tenues blanches, loges d'adoption, loges mixtes.* » Ce discours rappelait qu'en 1882, la loge écossaise *les Libres-Penseurs*, à l'Orient du Pecq, avait initié une femme. Ce serait, d'après l'orateur, la seule Franc-Maçonne, au moins en France. Le discours concluait à la non initiation des femmes, il préconisait les *tenues blanches*. Les *tenues blanches* suffisaient au but de la Franc-Maçonnerie du rite français. Il ne faut pas nous laisser prendre à cette négative officielle. M. Stein a démontré qu'il y avait de véritables loges d'adoption. En 1877, il assista lui-même à une tenue d'adoption dans le grand temple rouge du Grand-Orient. Il dit : « A cette fête assistaient *de nombreuses sœurs avec leurs insignes* ». En remontant un peu plus haut, nous constatons qu'en 1850, dans un établissement de la barrière du Maine, quatre loges réunies donnèrent une fête, à la date du 19 juillet, et que dans cette fête il y avait quantité de sœurs maçonnes.

Laissons de côté les loges d'adoption antérieures à 1789. On n'ose pas nier l'existence de celles-là. Les rituels en sont très connus. Ne parlons que pour mémoire des loges la *Candeur*, la *Fidèle-Maçonne*, les *Cœurs-Constants*, le *Val d'Amour*, *Belle* et *Bonne*, la *Sainte-Caroline*. N'évoquons pas le souvenir impur des *Sœurs Fendeuses*, des *Mopses* et des *Félicitaires*. Produisons un texte définitif. Dans sa déclaration de principes, à la page 9 de la constitution de la loge le *Droit humain*, imprimée n° 3, rue Soufflot, le rénovateur contemporain des loges d'adoption le F∴ Georges Martin, dit ceci : « La grande loge symbolique écossaise de France, le *Droit humain*, fonde son temple maçonnique sur la Libre-Pensée, la morale, la solidarité et la justice sociale.

« En toute circonstance les frères et *les sœurs* se doivent aide, protection et assistance, même au péril de leur vie.

« La Grande-Loge..... est ouverte à tous sans *distinction de sexe*, religion, race, nationalité. Sa devise est : Liberté, égalité, fraternité..... »

Voilà qui est clair.

Et au chapitre IV, nous lisons : « Article 21. Les officiers peuvent être indifféremment des frères *ou des sœurs*. »

Cette loge mixte n'appartient pas au rite français, c'est vrai. Mais aussi bien que le rite français, le rite écossais fait partie de la maçonnerie universelle.

IL Y A DONC DES LOGES DE FEMMES.

IX

Il y en a même dans le rite français, bien que le Grand-Orient affecte de ne pas les reconnaître officiellement. L'énumération des preuves serait longue. On la trouvera très complète et irréfragablement établie, dans l'ouvrage capital de M. de la Rive, *La femme et l'enfant dans la Franc-maçonnerie univer-selle*, édité par Delhomme et Briguet. C'est un modèle d'érudition et de clarté.

Ceci bien établi, passons. Les séminaires maçonniques de femmes existent. Il faut savoir quel enseignement on donne dans ces séminaires. Nul ne sera surpris quand je dirai qu'on y retrouve l'enseignement que le serpent ancien donnait à Éva, sous les ombrages de l'Éden.

Pour faire pénétrer ces doctrines dans l'esprit mobile et impressionnable de la femme, la secte a fabriqué des rituels et créé des grades d'instruction. Et comme la maçonnerie des femmes est double, comme à côté du rite d'adoption qui comprend cinq degrés, apprentie, compagnonne, maitresse, maitresse parfaite et sublime écossaise, il y a le rite palladique qui en comprend deux, l'élue et la maitresse templière ; l'enseignement lui-même a saisi un double courant, le courant d'adoption et le courant palladique. Mon cadre est trop étroit pour que je puisse exposer ce double dogme démoniaque. Je serai obligé d'effleurer les généralités ; mais ceux et celles qui voudront pénétrer jusque dans les replis de l'abime et se guider dans ce dédale vertigineux du satanisme maçonnique, ont en main, à côté des ouvrages de Léo Taxil et de M. de La Rive, la publication périodique de Miss Vaughan, *Mémoire d'une ex-palladiste*. Et qu'il me soit permis de dire ici, en parlant de cette admirable convertie de Jeanne d'Arc, qu'ils trouveront dans les pages qu'elle écrit, non

seulement les révélations qu'ils attendent, mais en_
core un modèle de ferveur, d'humilité, de génerosité
et de vertus chrétiennes et natives, qui font de cette
jeune femme l'un des types les plus accomplis de
ces créatures d'élite que Dieu donne quelquefois au
monde, pour le confondre ou pour l'éclairer.

X

Que dit le dragon à Éva dans les allées embau-
mées du paradis terrestre ? Interrogeons le Livre des
livres.

Le serpent dit à Éva : « Quoi ! Dieu aurait-il dit :
Vous ne mangerez point des fruits de tout arbre du
jardin ?

« Et la femme répondit au serpent : Nous mangeons
du fruit des arbres du jardin.

« Mais quant au fruit de l'arbre qui est au milieu
du jardin, Dieu a dit : Vous n'en mangerez point et
vous n'y toucherez point, de peur que vous ne mour-
riez.

« Alors le serpent dit à la femme : Vous ne mourrez point.

« Mais Dieu sait qu'au jour où vous en mangerez,
vos yeux seront ouverts et vous serez comme des
Dieux, connaissant le bien et le mal ».

Que dit l'enseignement des rituels ? Pas autre chose.
La salle où l'on reçoit l'apprentie se nomme le *jardin
d'Eden*. Le mot de passe est Éva. Le mot sacré est
Feix - Féiax dont la signification kabbaliste, pleine
d'une obscène horreur, a été donnée par M. Le Chartier.

Sur la toile peinte qui couvre le pavé de la loge des

compagnonnes, le mot Éva est écrit à chacun des angles. La postulante est conduite dans un cabinet de verdure qui figure l'Éden. On lui présente une pomme. A peine a-t-elle touché à ce fruit, que la foudre se fait entendre. Un serpent mécanique lui est montré. L'orateur prononce l'éloge d'Ève. Le péché originel est vanté. Dieu est blasphémé et le serpent est exalté. Dieu est le criminel. Adam pécheur devient l'innocent. Le serpent est le libérateur.

Il est impossible de parler de l'enseignement du grade de maitresse. Le grade de maitresse parfaite est un grade de transition. La sublime écossaise qui correspond au Chevalier Kadosch, doit être mûre pour l'ACTION. La légende de Judith laisse assez soupçonner quelle est l'action qu'on attend d'elle.

Le rite palladique est celui du suprème blasphème. La divinité qu'on y reconnait est Satan. Le Dieu qu'on y insulte est Jésus. L'*Ave*, *Eva*, *ave*, y constitue une injure profanatoire contre la bienheureuse Vierge Marie. La légende qu'on y raconte est abominable. Elle s'inspire de la légende du Talmud et contient contre Jésus-Christ et sa mère de telles horreurs, qu'on ne peut les répéter sans frémir. Le grade d'élue entre en plein satanisme. Le grade de maitresse templière y sombre. L'enfer ne peut pas pousser plus loin dans le sacrilège. Je renvoie aux auteurs que j'ai cités. J'ai hâte de remonter à la lumière.

XI

Mgr Meurin, de la Compagnie de Jésus, écrit dans son ouvrage sur *La Franc-Maçonnerie synagogue de*

Satan, à la page 148, ce passage significatif : « C'est du manichéisme que la Franc-Maçonnerie a appris à condamner le mariage et àpréconiser l'amour libre. »

Aucun érudit chrétien n'ignore que Manès fait créer par son Dieu-Bon la *vierge de la lumière*, et que cette vierge de la lumière s'entoure d'aides célestes des deux sexes, dont le rôle est assez apparent, pour que je n'insiste pas.

La *reconnaissance conjugale* telle qu'on la célèbre dans les tenues blanches, est un rite manichéen. Cette parodie sacrilège et ridicule du mariage chrétien se célèbre à l'Orient, devant une colonne large et courte qui supporte un flacon et des fleurs, tandis qu'une cassolette brûle au milieu du temple. La Phallolàtrie est là tout entière. Le rituel est plein de réminiscences dualistes. Le mariage est présenté comme la *vraie religion* humaine. Mais le Vénérable déclare que la constance dans l'union, provient uniquement de la *liberté réciproque* des conjoints. Il déclare que *l'indissolubilité* du mariage est « contraire aux lois de la nature et à celle de la raison ». Et il demande quel est le *correctif* du mariage, et le premier surveillant répond : *c'est le divorce !* Voilà qui est clair. C'est, comme le dit si bien l'éminent prélat, « l'atroce invasion des mœurs juives et de la lascivité manichéenne et kabbalistique ».

Les Juifs sont toujours les maîtres. Lisez l'ouvrage révélateur de l'abbé Chabauty, publié en 1882 chez Palmé, vous y verrez que depuis leur dispersion jusqu'au XIe siècle, les Juifs ont eu un centre visible et d'unité et de direction. Aujourd'hui ce pouvoir central et directeur est entre les mains du souverain pontife des Francs-Maçons, mais toujours sous l'inspiration

juive, sous le *dominium* du Talmud, sous le principat
invisible de la Kabbale. Adolphe Ricoux a publié
en 1891, une Encyclique de ce souverain pontife.
C'était Albert Pike.

Dans le 19e degré écossais, celui du *grand pontife
de la Jérusalem céleste* qui correspond à la 3e séphi-
rah, l'*intelligence* de la Kabbale, la Jérusalem céleste,
n'est autre chose que l'*Eden* d'où Adonaï le Dieu-Mau-
vais a chassé Adam et Eve, pour avoir mangé le fruit
défendu.

Ceci nous ramène à notre texte de la Genèse qu'il faut
rapidement interpréter au sens des loges d'adoption.

XII

Le dragon, le serpent, c'est le Dieu-Bon, c'est Lu-
cifer-Dieu, qui, touché des malheurs d'Eva, cherche à
l'arracher au pouvoir despotique d'Adonaï, le Dieu-
Mauvais.

Il aborde Eva sous les ombrages du lieu de délices.
Elle est naïve, innocente et curieuse. Elle a considéré
d'un œil rempli d'étonnement et d'admiration le fruit
de l'arbre interdit. Lucifer surprend ce regard. Et il
pose la question insidieuse : « Eh quoi ! Adonaï aurait-il dit que vous ne devez point manger de tous les
fruits de tous les arbres de l'Eden ? » — Eva tressaille.
Sa secrète pensée a été saisie au fond de son cœur.
Elle se tait, elle se sent devinée. Elle engage une con-
versation avec Eblis. Elle oublie ou plutôt elle veut
oublier la réserve et la prudence que l'ordre divin lui
impose. Raisonner avec ce logicien d'En-Bas, c'est

déjà lui donner prise. — « Nous mangeons bien de tous les fruits du paradis, dit Eva ; mais Dieu nous a dit que si nous mangions ou que si nous touchions au fruit de l'arbre qui est au milieu, nous mourrions de mort. »

N'y pas toucher, c'était éviter la tentation de le manger. Le voir, le regarder, c'était l'épreuve passagère imposée à la volonté, au libre-arbitre d'Eva et d'Adam. Mais dire au serpent qu'elle était la menace de Dieu, c'était lui fournir des armes et il en usa sans attendre. La mort, voilà le châtiment annoncé. La mort ! mot plein de terreur et de mystère pour cet être charmant et frêle qui se mouvait dans la vie et qui était réservé à l'immortalité !

Alors Lucifer répondit : « Vous ne mourrez point ! » Et il dut le dire avec cette majesté d'emprunt, cette affirmation hautaine, cette assurance imperturbable de l'orgueil, qui ont si souvent séduit la femme, qui ont livré Maximilla et Priscilla à Montan, Hélène à Simon de Samarie, les grandes Dames de Lyon à Markos, la mère Angélique à Saint-Cyran, et tant d'autres colombes effarouchées à tant d'autres vautours, rapaces et ravisseurs.

Vous ne mourrez point ! Ce cri démoniaque, Lucifer le répète chaque jour aux hérésiarques et aux schismatiques, aux occultistes et aux francs-maçons, aux mages et aux docteurs. Vous ne mourrez point ! Non, vous aurez la vie !

Hélas ! hélas ! infortunés ! vous êtes déjà morts, votre cadavre spirituel est déjà décomposé ! *Jam fœtet* ! Lazares insensés, où donc est celui qui, devant la pierre de votre sépulcre, vous rappellera à la vie ? Nous le prions pour vous. Nous le supplions d'accourir. Car la parole de mensonge et d'orgueil qui vous promettait la vie, est justement celle qui vous a donné la mort.

XIII

Et comme Eva charmée et épouvantée tout à la fois, Eva remuée par la parole d'Eblis jusque dans les intimités de son être, regarde l'étrange et formidable apparition, Lucifer poursuit : « Non, vous ne mourrez point ! Mais si Adonaï vous a défendu de manger de ce fruit, c'est qu'il jalouse votre bonheur, c'est qu'il envie votre gloire future. Il sait bien que, le jour où vous en mangeriez, *vos yeux seraient ouverts et vous seriez comme des Dieux, connaissant le Bien et le Mal.* »

Vos yeux seraient ouverts ! VOUS AURIEZ L'OMNISCIENCE ! VOUS VERRIEZ, VOUS CONNAITRIEZ le Bien et le Mal ! »

La femme était prise dans le filet diabolique. Sa curiosité native serait satisfaite. Elle verrait ! Elle saurait ! Elle connaitrait ! La femme céda, Eva séduite, séduisit Adam, et le péché et la mort et le mal firent leur sinistre entrée dans le monde.

Eh bien ! l'enseignement d'adoption maçonnique n'est que la paraphrase de l'enseignement du Dragon. Il promet à Eva l'émancipation, celle de l'esprit, puis celle des sens. Il lui promet la liberté, la science, la possession du Bien et du Mal. Et, continuant Manès qui lui-même continuait Satan, la Franc-Maçonnerie d'adoption dit à ses malheureuses victimes : « Le but, c'est la délivrance de cette étincelle de flamme qu'Adonaï a cachée sous la matière, mais que Lucifer veut émanciper ! »

Et, continuant Markos qui continuait Manès, elle dit encore : « Viens, viens t'unir à l'esprit ! viens boire l'immortalité ! Viens réaliser les noces spirituelles ! » Et, continuant Montan qui continuait Simon le Mage, elle dit toujours : « Les âmes chez nous peuvent s'étreindre ! Entrez dans la plénitude de l'Esprit ! Vous êtes l'Épouse du Paraclet ! »

Et la Maçonnerie doctrinaire des Loges d'adoption ajoute : « Je suis la science ! Je connais les causes et je fais comprendre les phénomènes. Je remonte aux origines et je dévoile les fins. Les abîmes sont à moi, Les espaces sont à moi. Les flots et les monts m'appartiennent. Je révèle les secrets de la vie et ceux de la mort ! » Puis d'une voix plus basse, plus insidieuse, plus languide et comme défaillante, elle ajoute ici : « Femme, je suis l'Amour ! »

Et la créature tentée, la créature impuissante et faible, la colombe fascinée et battant de l'aile, tombe dans les replis nuancés de l'infernale couleuvre !

XIV

Qu'on me permette ici un souvenir personnel. Il s'agit d'une femme aimable et intelligente qui devint la proie de l'occultisme et que j'ai connue. Elle était de grande maison, de cœur très haut, d'esprit très subtil, d'imagination ardente. Et elle était malheureuse. Elle s'engagea, je ne sais comment, dans une société d'occultistes et devint la proie des influences et des obsessions spirites. Elle fut médium intuitif et auditif, comme ils disent. Elle avait des rêves prophé-

tiques et des visions symboliques. J'entrai assez avant
dans son amitié, pour qu'elle me fît part de ses rêves
comme aussi de ses souffrances. Je puis en parler
sans crainte de la froisser. Elle n'est plus. Et nul ne
peut savoir de qui je parle. Mais je voudrais qu'elle
fût un exemple pour celles qui seraient tentées, comme
elle, par le prestigieux et fatal séraphin déchu qui de
Lucifer est devenu Satan.

Jeune encore et brisée par la vie, trompée par l'affection, éprouvée par des revers de famille, elle crut
trouver la paix dans l'Illuminisme et la joie de son
âme dans la communion avec les esprits de lumière.
Elle n'y rencontra que l'illusion et, en définitive,
le vide.

Elle me disait un jour : « Je veux vous faire une
confession d'âme à âme. » Nous nous étions assis
sur une terrasse ensoleillée qui dominait la Seine. Le
fleuve coulait doucement entre ses rives verdoyantes.
C'était une pâle journée automnale, déjà sur son dé-
clin. Rien ne distrayait nos pensées, dont la mélancolie s'accompagnait du frémissement léger des
feuilles des arbustes et du clapotement régulier des
ondes mollement émues contre les berges silen-
cieuses. « Vraiment, Monsieur, me disait-elle, je ne
trouve nulle part la paix. Vous savez avec quelle
ardeur je cherche l'apaisement des fièvres de mon intelligence. Quand je suis sous l'influence des songes
et des paroles intérieures que j'entends en moi, il me
semble parfois que mon désir de quiétude s'accom-
plisse. Mais cet heureux état ne dure pas. J'ai la nuit des
terreurs soudaines, et le jour, de subites angoisses;
Mon cœur est étreint par une main de fer. Je suis inquiète, nerveuse. Je pleure sans cause. Je doute tou-

jours. Dites-moi donc ce que vous en pensez et ce qu'il faut faire ! »

Insensé moi-même que j'étais et buvant, comme elle, aux sources troublées d'amertume, que pouvais-je lui dire ? La direction qu'elle cherchait, je la cherchais moi-même. Je ne pus que faire écho à ses plaintes et m'attrister avec elle sur un état qui était le mien.

Dieu pourtant sembla nous répondre, en cette soirée mémorable. Pendant que nous parlions, le son argentin de la cloche se fit, entendre. La voix sonore s'envolait en mélodies chrétiennes du clocher de la vieille et humble chapelle voisine. Des religieuses cloîtrées se rendaient sans doute à la prière. Et nous nous regardâmes, muets et émus. Et nos regards semblaient se dire : CELLES-LA ONT TROUVÉ LA PAIX !

XV

Que Dieu lui fasse miséricorde ! Elle avait l'âme si haute et son enfance avait été si pieusement catholique ! Mais elle avait, toute jeune encore, perdu sa mère. Depuis mon retour, j'ai souvent prié saint Stanislas pour elle. Elle était Polonaise comme lui. L'aimable saint, le puissant thaumaturge, aura intercédé pour sa compatriote. Dieu aura tenu compte, je l'espère de tout mon cœur, et de son abandon et des circonstances pénibles de sa vie douloureuse. Elle ne sera pas morte en désespérée. Elle avait de tels élans vers la Sainte Vierge, que la Sainte Vierge l'aura assistée à cette heure suprême où le voile des illusions se déchire, où la vérité apparait dans sa tragique évidence.

> *Recordare, Jesu pie !*
> *Quod sum causa tuæ viæ,*
> *Ne me perdas illa die !*

La curiosité d'Ève avait blessé cette âme d'élite. Elle aussi avait voulu *connaître, savoir, aimer.* Les livres occultistes, les salons occultistes, les séances occultistes avaient continué la séduction qu'avait commencée le rêve. Elle avait même propagé l'erreur, par la parole et par la plume. Oh ! qu'il était triste, dans les derniers temps, de voir ses grands yeux noirs, traversés de flammes soudaines, refléter les tortures de son âme ! qu'il était triste de suivre sur cette belle et noble figure, qu'encadrait si étrangement une chevelure sombre et lourde, le trajet de la pensée mobile et tourmentée ! Que je voudrais pouvoir lui dire le salut dernier que la main des ouvriers chrétiens gravait entre une colombe et une palme, sur les pierres tombales des catacombes : « Pax tecum, anima dulcis ! » Paix à toi, paix avec toi, âme douce et fatiguée !

Ces Eons que tu invoquais, ce n'étaient point des émanations divines, des hypostases de l'absolu, comme tu le pensais, hélas ! C'étaient des démons !

Pax tecum, anima dulcis !

Ces visions qui peuplaient tes sommeils, c'étaient des songes lucifériens.

Pax tecum, anima dulcis !

Ces symboles qui passaient devant tes yeux de voyante, c'étaient des prestiges d'En-Bas !

Pax tecum, anima dulcis !

Mais, du moins, tes souvenirs d'enfance et de jeunesse, tes aspirations inattendues vers la Mère de Dieu, ta native bonne foi, ta charité aimable, tes épreuves, tes douleurs, tes larmes et les prières de Stanislas auront intercédé pour toi devant Celui qui est deux fois miséricordieux et qui a versé son sang pour ton âme !

Pax tecum, Pax tecum, anima dulcis !

XVI

Un autre souvenir, maintenant. J'aime à me laisser aller, en cette automnale saison de la vie, aux mémoires du passé. Il semble que ce soient des messages d'apaisement et de grâce. Ceux qui se noient aperçoivent, dit-on, comme dans un éclair, toute leur existence concentrée en un point lumineux. Nous qui nous noyons, avec une allégresse et une confiance infinies, dans la bonté de Dieu, nous apercevons aussi, dans un seul regard, les choses évanouies que la grâce fait revivre pour notre consolation et pour notre joie. Il y a bien longtemps de cela. Mais comme cela est encore vivant et fleuri, tout empreint des miséricordes du Sacré-Cœur ! Comme cela est doux ! Comme cela est pur ! Comme cela est bon ! Une âme avait été préservée par Dieu des vilenies et des abominations du milieu où les circonstances plus fortes qu'elle l'avaient placée. Cette âme d'artiste et de chrétienne gémissait cependant sous l'esclavage de ces nécessités si implacables et si dures que crée quelquefois la vie moderne, éloignée des sources de la grâce. Dieu, à une certaine heure, mit sur sa route celui qui devait être l'instrument des miséricordes célestes. Cette âme, par l'épreuve et par la douleur, remonta à la lumière. Depuis lors, elle s'y tint constamment, malgré tous et malgré tout.

Elle s'y tint, malgré la gêne, malgré l'oubli, malgré la tentation, malgré la moquerie, malgré l'outrage. Elle porta sa croix. Elle but son calice. Elle se fit ange de charité pour les malades et pour les pauvres. Elle devint une femme de sacrifice, de prière et de pureté.

Un saint évêque, aujourd'hui près de Dieu, la remarqua, voulut lui-même la diriger, prit cette conscience délicate et forte et tourna vers les altitudes de la mystique divine, les ailes frémissantes de cette âme qui était humble mais qui était haute. Et ce furent des envolées sublimes que le silence de l'humilité a recueillies. C'est ainsi que la colombe monte comme une flèche dans les hauteurs inviolées et s'y soutient sur les souffles du saint amour.

Elle avait toujours appelé l'Amour. Dieu le lui donna complet, ayant pour compagne la souffrance. Elle s'endormit, jeune encore et mûre pour le Ciel. Elle s'endormit en chantant des cantiques. Auparavant, elle avait ordonné que le sol de son jardin et les escaliers de sa maison fussent jonchés de rameaux et de fleurs, pour recevoir le Sacrement. Elle répondit elle-même aux prières des agonisants, et tout en regardant le compagnon de sa vie avec des yeux baignés de larmes, elle lui dit ces paroles : « Je m'en vais, au revoir, mon ami, je parlerai de toi à la Sainte Vierge ! » Puis, elle expira en prononçant les noms de Jésus et de Marie.

Quelques jours après sa mort, elle se montra à celui qu'elle laissait tout seul et sans forces, et lui dit ces mots consolants : « Nous n'avons pas ici de demeure permanente, mais nous cherchons celle qui est à venir ! »

A l'heure même où elle expirait, une religieuse dominicaine de Chinon était miraculeusement avertie de son bienheureux départ.

Voilà la femme catholique !

XVII

La Française a eu dans le passé une gloire, la chevalerie. La nation lui doit ses qualités, peut-être aussi quelques-uns de ses défauts. Les défauts disparaissent devant les qualités. Et ce n'est point ici une flatterie banale. A tous les degrés de la société, depuis la reine et la grande dame jusqu'à la modeste paysanne, jusqu'à l'humble ouvrière, la Française se révèle sous un triple aspect : bonté, grâce, énergie.

Bonté, d'abord. Toute misère l'émeut, toute peine la touche, toute souffrance excite son dévouement.

Grâce et charme, ensuite. Tous les peuples reconnaissent ce privilège inné de la Française. Il devient souvent un danger, quand la Française est loin de Dieu. Il est un instrument de salut, quand la Française est chrétienne. Ce charme a triomphé et triomphe dans la vie publique, comme dans la vie privée. Et plus que toute autre femme, la Française est consciente de cet attrait souverain.

Dévouement, enfin. C'est un lieu commun, cela ; et

chacun sait que toutes les œuvres de miséricorde sont du ressort de cet être particulier, au cœur exquis et tendre, à l'âme délicate et vibrante, qu'on appelle la femme Française. Cette bonté, cette grâce, ce dévouement, la Française catholique, la Française chrétienne les offre à Dieu et à la Patrie, comme un triple trésor. Et qui sait si Dieu, dans sa balance, ne les pèse pas au poids de son amour plutôt qu'au poids de sa justice, quand il est irrité contre la France?

Voulez-vous que nous considérions sous cet aspect de bonté, de charme et de dévouement le rôle que peut remplir, de nos jours, la Française chrétienne, pour contribuer à la régénération morale de la nation? Ce sera opposer directement ce rôle sauveur à celui que les Loges d'adoption proposent aux femmes qu'elles cherchent à séduire.

Nous prendrons trois types et nous les étudierons à la clarté de la lampe du Tabernacle, cette pâle et modeste petite lampe qui brûle devant les Augustes Espèces et qui chante la splendeur du Verbe Incarné par sa tremblante et faible splendeur.

La bonté nous apparaîtra sous la figure d'une mère catholique.

L'attrait nous ravira sous la figure d'une fiancée catholique.

Le dévouement nous émerveillera sous la figure d'une sœur de charité catholique.

Et bien que nos trois types se fondent en un seul chez la Française vraiment chrétienne, nous les séparerons pour mieux faire saisir les contrastes qui existent entre la femme selon le cœur de Dieu et la femme selon le cœur du démon.

XVIII

Le poète a dit :

La bonté, c'est le fond des natures augustes.
D'une seule vertu Dieu fit l'âme des justes,
Comme d'un seul saphir la coupole du ciel.

« La bonté me séduit », a dit à son tour le Père Lacordaire. Et l'*Imitation* avait dit en plein moyen âge, en parlant de Celui qui est bon par excellence : « *Tu solus sufficientissimus et plenissimus !* » — Tu es le seul très suffisant et très entier ! Oui, la bonté est faite de cela, *suffisance*, *plénitude*. C'est-à-dire que la bonté suffit à tout et comble tout.

Et quand Dieu veut nous donner une idée de sa bonté, il se compare à une mère. Une mère est donc le type de la bonté. Mais quand une mère, comme Blanche de Castille, dit à son fils ce que disait à saint Louis cette grande reine : « Mon fils, j'aimerais mieux vous voir mourir à mes pieds, que commettre un seul péché mortel ! » cette mère dépasse toute bonté. Et pourquoi ? C'est qu'elle immole son amour maternel et étale tout son grand cœur saignant sur l'autel du sacrifice, parce qu'elle leur préfère, en faisant un abandon sublime de son amour sensible et de son cœur de chair, le bonheur éternel, le salut de son enfant bien-aimé.

Une mère chrétienne seule pourra comprendre cela. Et voilà ce que devrait être la Française qui est mère et qui est chrétienne. Elle doit être bonne, non pour la faiblesse, mais pour la force ; non pour le plaisir, mais pour le devoir ; non pour le geste qui caresse, mais pour celui qui montre le ciel. Elle doit être semblable à la mère des Machabées. Elle doit pouvoir pousser le martyr sous le couteau, par amour pour son âme et pour sa gloire. Et le martyr catholique doit lui sourire, au moment même où elle le pousse, en lui disant : *Ma Bonne Mère* ! car jamais elle n'aura été si bonne ; car jamais elle n'aura souffert un pareil enfantement, l'enfantement de la Croix. Et elle pourra chanter alors, avec la femme de l'Ecriture cette merveilleuse cantilène : « J'ai mis un homme, au jour ! » — Oui, mère sublime ! au jour de l'éternité !

C'est que jamais, voyez-vous, la Sainte Vierge ne fut si bonne, que lorsqu'elle consentit au sacrifice sanglant de son fils, sur le gibet du Calvaire. Jamais elle ne l'aima davantage. Jamais elle ne l'aima autant.

XIX

Mais la mère aujourd'hui ! On la connait. Et je ne dis pas seulement la mère sur le patron des Loges. Je dis la mère habituelle de la société courante. Sa bonté, c'est, après l'enfantement, la nourrice ; après la nourrice, la gouvernante ; après la gouvernante, le pensionnat ; après le pensionnat, ce gouffre inconnu, le mariage mondain.

Sa bonté, ce sont les dentelles au berceau et les jouets de prix, la vanité flattée, la coquetterie cultivée, la suffisance enfantine favorisée, la frivolité flattée, l'imperfection encouragée, la toilette exagérée, les qualités négligées. La bonté, c'est le souci de l'art superficiel et la négligence de l'instruction solide ; c'est le succès pour le salon, c'est la danse, c'est le livre au moins inutile, la parure au moins dangereuse, le caquetage au moins insignifiant.

Sa bonté, c'est l'infiltration périodique et lente de l'esprit mondain dans cette âme tendre et inquiète ; c'est le relâchement des pieuses habitudes ; c'est la prière du bout des lèvres ; c'est le cœur qui s'emplit de vanité ; c'est l'orgueil naissant ; c'est le flirt à son aurore; c'est la coupable imprévoyance; c'est le définitif abandon dans le mariage de convenance; c'est le mariage lui-même rabaissé des hauteurs du sacrement jusqu'aux étonnements malsains des sens et aux ravissements perfides des passions. Et cette bonté qui a commencé par la frivolité s'achève par la frivolité, et le péché règne en maître dans cette bonté meurtrière qui jette aux gémonies du monde l'âme de la femme déséquilibrée.

Ah! que ce grand Paris cache dans son sein de bontés semblables ! Et quelles mères feront un jour ces jeunes filles ainsi aimées !

<h2 style="text-align:center">XX</h2>

La jeune fille a le charme. C'est le second aspect sous lequel nous considérons la Française. Qu'est le charme? qu'est la grâce ? Un je ne sais quoi que tout le monde sent et que personne ne peut définir. Et ce je ne sais quoi qui est si doux est plus fort et plus victorieux

que la force et que la victoire. Force pour le Bien!
Force aussi pour le Mal.

Force pour le Bien, la grâce ramène à Dieu et à la
religion le cœur égaré du jeune époux. Elle rend le
devoir cher et facile. Elle jette des roses sur la route
du chrétien. Elle sèche les larmes. Elle guérit les blessures. Sur le front soucieux du père elle allume un
rayonnement. Dans le cœur, dans l'esprit, elle fait
luire une joie et resplendir une évidence. La terre du
pèlerinage est ensoleillée par la grâce. Elle interprète
et commente la parole créatrice : « Donnons-lui une
aide qui soit semblable à lui. » La grâce est plus belle
que la beauté. Dans le mariage chrétien, la grâce est
deux fois la grâce.

La jeune fille catholique quitte la famille pour en
fonder une autre. Elle entre dans sa nouvelle maison
avec la pudeur et la modestie. Mais elle y entre avec
l'amour. Car là seulement le nom d'amour n'est point
profané. Elle prend par le cœur l'homme qui est sub-
jugué, et elle le subjugue pour l'amener à Jésus-Christ,
quand il en est loin, et pour le confirmer en Jésus-
Christ, quand il en est près. « J'irai où tu iras; je de-
meurerai où tu demeureras; ton peuple est mon
peuple et ton Dieu est mon Dieu; je mourrai où tu
mourras et j'y serai ensevelie. Que Jéhovah fasse
toujours que rien ne te sépare de moi que la mort! »

C'est elle qu'on peut appeler la *fille du Prince.*
Quam pulchrè graditur filia Principis! C'est elle qu'on
peut appeler *l'amie du cantique. Tota pulchra es
amica mea!* C'est elle qu'on peut appeler la *fille de
Jérusalem!* Elle a racheté les âmes et les a conquises
par la grâce. Et elle apparaît dans ce monde comme
un reflet de la beauté de Dieu.

XXI

Où la trouver cette jeune fille? Une sur mille, et Sodome serait sauvée! Au jour de Pâques 1571, la séraphique vierge Térèse de Jésus pria l'une de ses filles de lui chanter un chant d'amour divin. Une Carmélite se leva et entonna d'une voix pure et tendre les beaux couplets du *Véante mis ojos!* La sainte tomba dans une extase entrecoupée de cris de son cœur transverbéré par la flèche du séraphin. Il fallut l'emporter dans sa cellule, et le lendemain elle écrivit sa glose admirable : *Vivo sin vivir in mi!* « Qu'entends-je et que dites-vous, divine Térèse? s'écrie Bossuet. Je vis sans vivre en moi! Si vous n'êtes plus en vous-même, quelle force vous a enlevée? »

Flor de Serafinos !
Jesu Nazareno !
Véante mis ojos,
Muérame yo luégo.

« Fleur des séraphins, Jésus de Nazareth! que mes yeux te voient enfin, que je meure, appelle-moi! »

Oui, une comme cela, une sur mille, et Sodome sera pardonnée.

Mais, ô Dieu! voyez donc la fiancée de nos tristes jours, même *enduite,* si l'on peut parler de la sorte, de ce vernis de religion superficielle que les convenances imposent. Elle a fait, comme on dit, son entrée dans le monde; elle y a eu ses premiers succès. Les jasmins des bals ont été effeuillés sous le satin de ses mules de danse. Le flirt a précédé l'affection.

L'affection est née quelquefois d'un effleurement sensuel. La vertu n'est point partie, mais la pureté a disparu. Le corps est intact, mais l'âme est blessée. Et le sang qui coule de cette blessure spirituelle, c'est ce qu'il y a de plus céleste et de plus grand dans ce monde : c'est la candeur virginale, c'est la très haute et très auguste innocence. L'ange a replié ses ailes ! Les yeux se sont reposés sur des choses qui flétrissent. Les oreilles ont entendu des sons qui profanent. L'odorat s'est enivré d'odeurs douteuses et troublantes. Elles sont encore des vierges, et cependant elles ne sont plus virginales. On les rencontre aux théâtres, et leurs regards sont élevés. On les rencontre au bois, et leurs allures font frémir les saints. On les rencontre aux concerts et aux fêtes, et leurs anges gardiens se voilent la face. Et, sous prétexte de charité, on les rencontre dans ces réjouissances où la vanité fait les frais et jette sur l'aumône l'ombre sinistre du péché.

Pendant ce temps, sur la froide dalle du Carmel, la voix sacrée des vierges élues se fait entendre et chante l'hymne à l'Époux divin :

> *Flor de Serafinos !*
> *Jesu Nazareno !*
> *Véante mis ojos,*
> *Muérame yo luégo.*

XXII

Voici maintenant le dévouement. Et voici la sœur de charité, la VRAIE SŒUR, la sœur des pauvres, la sœur des petits, la sœur des humbles, la sœur des souffrants, la sœur des soldats, la religieuse Française par excellence. Son triomphe, c'est la charité, c'est l'amour. Son champ de bataille, c'est la salle où s'accumulent les fiévreux et les cholériques, les pestiférés, les blessés. Sa main est douce, son cœur est tendre, son courage est ferme, son sourire est céleste. Vincent de Paul l'a revêtue de dévouement. Elle porte Dieu en elle et Dieu par elle rayonne, comme le soleil à travers un pur cristal. Elle s'impose et elle subjugue, et les sectaires eux-mêmes s'inclinent devant elle. Et la main de l'État laïque met sur son sein la croix d'honneur à côté du divin crucifix. Mais savez-vous, vous qui la décorez, d'où lui viennent sa force et son mérite? Ils lui viennent de la croix de Jésus-Christ! Et son dévouement sans borne, de la croix de Jésus-Christ! Et son amour sans mesure, de la croix de Jésus-Christ!

La désolation pèse sur la cité. Les ailes noires du choléra s'abattent sur les foyers épouvantés. Les meilleurs résistent et les peureux prennent la fuite. Le chrétien se résigne et l'impie est plein d'angoisses. La sœur maçonne ébauche instinctivement le signe de la croix et sa lèvre murmure des prières oubliées. Les logis opulents se ferment, les chaumières s'ouvrent à la mort, le glas sonne dans le beffroi et dans les cœurs. Le bras des fossoyeurs se lasse, et la science se décourage. Au milieu de cette épouvante, passe toujours et du même pas, avec le même sourire, la sœur grise, la fille de Vincent de Paul, la sœur de charité. Saluez le dévouement, saluez l'amour, saluez la Croix!

Et quand le malade va mourir, elle se penche sur la bouche expirante qui exhale une haleine empoisonnée ; elle reçoit le dernier soupir, et elle ferme les yeux convulsés. Elle s'agenouille et elle prie. Elle allume les flambeaux mortuaires. Elle jette l'eau bénite. Puis, elle prie encore. Et sa prière ailée monte à Dieu pour l'âme qui s'envole.

XXIII

Et maintenant réunissons en un seul type ces trois types que j'ai dépeints à part. Nous aurons la femme catholique et française, complètement catholique et complètement française. Voilà notre idéal patriotique et chrétien. Nous l'opposons à la caricature des Loges, à la caricature libre-penseuse, à la caricature athée.

Chère France, voilà ta fille et voilà celle que nous aimons! Sa vision traverse ta noble histoire. C'est Clotilde de Bourgogne, Clotilde qui lève vers Dieu des mains suppliantes, pendant que Clovis livre aux Alamans la bataille de Tolbiac. « Dieu de Clotilde! donne-moi la victoire et je t'adorerai! » Et Dieu donne la victoire, à celui qui sera le premier chef chrétien de la Patrie. Et les Boïens, les Bavarois, les Suèves, les Alamans sont écrasés au milieu même de leur triomphe, et les deux rives du Rhin, les deux rives nationales, appartiennent à la vieille Gaule.

Voilà l'année du quatorzième centenaire de cet événement illustre, l'anniversaire du baptême de la France. Une femme a béni ce jour que ses prières ont fait luire. Tolbiac, c'est la victoire de Clotilde, et la France a été baptisée dans ses larmes. Oui, la France chrétienne est née à Reims, dans le baptistère de Reims ; mais elle est née des prières d'une femme. Clotilde est la première grande Française !

C'est Geneviève à côté de Clotilde, la vierge à côté de l'épouse, la bergère à côté de la reine, la sainte à côté de la sainte. Son glorieux tombeau veille encore sur Paris, et la Croix domine encore son temple abandonné. On n'a pas pu renverser cette croix ; Geneviève la défend. On n'arrachera pas la foi catholique du cœur de Paris ; Geneviève veille sur elle et sur lui.

C'est auprès de Clotaire Ier la douce Radegonde ; auprès de Sigebert, la grande Brunehaut ; auprès de Clovis II, sainte Bathilde ; Plectrude auprès de Pépin d'Héristal, Hildegarde auprès de Charlemagne. Les saints et les saintes fleurissent la France de Mérowig. Il y a tant de saints et de saintes dans les cloîtres, sur le trône, parmi le peuple, qu'un contemporain s'écrie : « Que ces temps sont beaux et qu'ils sont purs! » Et pourtant ils nous apparaissent, à nous, ensanglantés et turbulents. Mais regardons de plus près, nous assistons, comme l'a si bien dit M. Canet, à l'origine de la grandeur future de la France. Nous retrouvons « tous les éléments de cette constitution que les siècles ont développée sans l'écrire ». J'aime les temps mérovingiens. Ils sont verdoyants et touffus.

C'est le printemps de la Patrie. La sève coule à flots dans les ramures du grand arbre national. La jeunesse éclate, la vie déborde, l'action se précipite, la grâce et la force s'unissent. La barbarie se dépouille, et l'avenir s'annonce avec une incomparable beauté.

XXIV

Et notre temps est-il donc si vieux? Faut-il désespérer de la France? La sève est-elle tarie, le sang appauvri, l'énergie usée? On pourrait le croire, quand on assiste à la banqueroute des caractères, au sommeil religieux des masses, à l'apparente indifférence des âmes. L'ancien ressort est-il brisé? et le peuple de Bouvines n'est-il plus qu'un troupeau?

Non, cent fois non! Il y a du poison dans les veines, oui; du poison dans l'organisme social, oui; du poison dans le sang de France, oui. Lazare dort, oui encore. Mais Lazare n'est pas mort, ou plutôt Lazare peut s'éveiller.

Et s'il est mort, Dieu le ressuscitera. S'il est mort, Dieu ira frapper à la porte du sépulcre et criera à Lazare: Lève-toi!

En ce temps-là, Lazare était malade à Béthanie. Marie, sa sœur, était celle qui avait oint le Seigneur d'une huile de parfums et qui avait essuyé ses pieds avec sa chevelure. Marthe et Marie envoyèrent dire à Jésus: « Seigneur, celui que tu aimes est malade! » Or, Jésus aimait Marie et Marthe et Lazare. Et il dit à ses disciples: « Retournons en Judée! Lazare, notre ami, dort; je vais le réveiller. » Or, Jésus étant arrivé trouva que Lazare était enseveli depuis quatre jours. Marthe alla au-devant de lui, mais Marie demeura assise dans la maison. Et Marthe dit à Jésus : « Seigneur, si tu avais été là, mon frère ne serait pas mort. » Jésus lui répondit : « Ton frère ressuscitera. » Et Marie ayant rejoint Jésus, se jeta à ses pieds et pleura et lui dit : « Ah ! Seigneur, si tu avais été là, mon frère ne serait pas mort. » Quand Jésus vit qu'elle pleurait, il se troubla en lui-même et pleura. Et il dit : « Où l'avez-vous mis ? » Et ils répondirent : « Seigneur, viens et vois. »

Et Jésus pleura.

Et les Juifs dirent : « Voyez comme il l'aimait. » Et Jésus, frémissant de nouveau en lui-même, vint au sépulcre. « Otez la pierre », dit-il. Marthe lui dit : « Seigneur, il sent déjà mauvais ; il est là depuis quatre jours. » Jésus lui répondit : « Ne t'ai-je pas dit que si tu croyais, tu verrais la gloire de Dieu ? » Et Jésus invoqua son père, puis il cria à haute voix : « Sors, Lazare ! » et le mort sortit du tombeau.

XXV

On nous dit que la France catholique est morte. Eh bien ! voici ce que je vois dans l'avenir : la résurrection de la Patrie !

VIVE LE CHRIST QUI AIME LES FRANCS ! C'est vous, Seigneur, qui ressusciterez la Patrie. Mais qui donc ira vous chercher, qui donc ira vous dire : « Venez, Seigneur, celle que vous aimez va mourir ! »

Ce sera la Française !

Femmes de France, ce sera vous !

Vierges de France, ce sera vous !

Religieuses de France, ce sera vous !

Vous, Marthe, sur qui retombe le poids de la maternité ! Vous, Marie, qui contemplez et qui souffrez dans le cloitre ! Vous vous jetterez aux pieds du Seigneur et vous les arroserez de vos larmes. Ah ! si vous aviez été là, lui direz-vous, la France ne serait pas morte ! Et le Seigneur vous répondra : « La France ressuscitera ! »

Mais cette réponse ne vous suffira pas, ô femmes sublimes ! Vous le prendrez par la main, vous l'amènerez devant le sépulcre, devant ce sépulcre où la secte et l'impiété ont caché le cadavre.

Il sent déjà mauvais ! direz-vous, éperdues ; mais, en disant cela, vous regarderez le Maitre, avec ce regard de femme qui n'est jamais aussi fort que lorsqu'il supplie, et vous pleurerez toujours.

Et Jésus pleurera !

Et quand Jésus aura pleuré, Jésus dira d'une voix forte : « France ! sors de là ! » Et la France sortira, car il l'aura ressuscitée.

Salut, salut, France catholique, ressuscitée par le Sacré-Cœur à la prière des femmes Françaises ! Renais à la lumière, et reprends ton épée, et élève la Croix, et recommence ton œuvre, celle que tu faisais avec Clovis, avec Charlemagne, avec Philippe-Auguste, avec saint Louis, avec Jeanne d'Arc, avec Henri IV, avec Lamoricière. France catholique, reprends ton chemin par le monde !

Plante la Croix et abats l'équerre !

Unis l'ordre à la liberté !

Toi qui nous a donné la monarchie chrétienne, donne-nous la république chrétienne !

Reprends tes provinces en reprenant ta foi. Et que tes filles, les femmes de France t'accompagnent, des fleurs dans les mains et des chants pieux sur les lèvres, pendant que tes fils, les soldats et les prêtres, escorteront ta marche triomphale en poussant ce cri patriotique et chrétien qui fut celui de Montalembert et de Châteaubriand, celui de Lacordaire et de Ravignan :

La liberté par la vérité !

Paris. — Imp. A. Pierret, 37, rue Étienne-Marcel.